Anna Mancini

I0111232

La Clarividencia Onírica

Aprenda a Ver su Futuro en sus Sueños

Buenos Books America
www.buenosbooks.us

© Anna Mancini
ISBN: 978-1-963580-07-5
http://espanol.amancini.com
www.amancini.com

Ediciones: Buenos Books America
www.buenosbooks.us

Introducción

En este libro, explicaré cómo y por qué puedes ver el futuro en tus sueños. Hablaré sobre la clarividencia en general y cómo funcionan los diferentes tipos de clarividencia. Luego explicaré dos técnicas muy simples para obtener de tus sueños información sobre tu futuro cuando lo desees. También te explicaré qué hace a estas dos técnicas más efectivas y qué las obstaculiza.

¿Por qué usar los sueños para conocer tu futuro? Porque es la forma más fácil y accesible para que todos puedan hacerlo. Gracias a los sueños, no hay necesidad de tener un don de clarividencia. Solo se necesita dormir bien y soñar. Algunas veces ni siquiera es necesario interrogar los sueños. Estos pueden proporcionarte información acerca de tu futuro cercano o lejano de manera espontánea, a veces en un lenguaje muy claro que no necesita interpretación.

He pasado la mayor parte de mi vida estudiando el fenómeno de los sueños, haciendo muchos experimentos e inventando formas de aprovechar los sueños para mejorar la vida. La anticipación del futuro es una de las funciones más útiles permitidas por los sueños y también la función más banal del cerebro dormido. Cuando observamos durante mucho tiempo (por más de 25 años como lo hice yo), los vínculos entre los sueños y la realidad, vemos que durante el estado de sueño, nuestro cerebro programa y organiza nuestro futuro. Esta es una función natural común a todos los seres humanos. Este fenómeno común ocurre cada vez que dormimos. No hay nada extraordinario o paranormal al respecto y después comprenderás porqué. Es así que todos, excepto aquellos con daño cerebral grave, pueden aprender a ver su futuro en sus sueños. Mientras que muy pocas personas tienen la capacidad de ver el futuro en el estado de vigilia. Para conseguirlo, se debe ser capaz de entrar en contacto con el subconsciente mientras se está despierto, lo cual es mucho más difícil de hacer que dormir y soñar.

Por eso, es raro encontrar personas que pueden ver el futuro en el estado de vigilia. Desde siempre, estas personas han sido de gran ayuda para toda la gente que no tiene su misma capacidad de conocer el futuro.

Con este libro, podrás aprender a hacer lo mismo que los videntes pero usando tus sueños para ver tu futuro; o también aprender cómo aprovechar al máximo tus sesiones con un vidente, porque comprenderás qué es la clarividencia y cómo funciona.

Como veremos ahora, hay diferentes tipos de videntes.

Capítulo 1: Las diferentes categorías de videntes

De acuerdo con la distinción habitual: el medium sería un intermediario entre los espíritus de los muertos y los vivos, el cartomante usaría instrumentos como cartas de tarot y bolas de cristal, y solo el vidente tendría como función principal ver el futuro por sí mismo sin ayuda espiritual o material. Para facilitar la presentación y porque todos son consultados no solo por sus habilidades particulares sino también para conocer el futuro, no consideraré aquí la distinción mencionada. Para aquellos que nunca han podido experimentar por sí mismos la realidad de la clarividencia, les contaré cómo me sucedió a mí.

Nací en Francia y fui educada en sus escuelas en donde solo la racionalidad cartesiana tiene valor. Francia es un país en donde la mayor parte de la gente es racional, atea y materialista. No pude escapar a este condicionamiento y durante mucho tiempo no hubo en Francia persona más incrédula y escéptica que yo con respecto a la clarividencia y a los poderes paranormales.

Afortunadamente, un encuentro me abrió a otros horizontes, así me puse a explorar este vasto dominio. Y fue gracias a la educación francesa que lo exploré sin supersticiones, ni ideas preconcebidas ni creencias y usando mi mente crítica.

Fue en un restaurante que conocí por casualidad a mi primer vidente. Yo tenía veintitantos años, era estudiante en la facultad de derecho de Lille en el norte de Francia. En esta época almorzaba regularmente en un pequeño restaurante vegetariano de mi barrio. El restaurante era muy pequeño, tan pequeño que el dueño me preguntó un día si no me molestaría compartir la mesa con dos personas aceptar que acababan de llegar. Me susurró emocionado ¡"Una de estas personas es un vidente"¡ Aunque yo no creía en la videncia, había recibido en mi mesa con una sonrisa a un hombrecillo muy agradable y un joven que, según supe después, era su hijo. Este hombre, que tenía unos cincuenta años en ese momento, me contó que era un medium. Y yo, con toda la franqueza de mis veinte años, le dije que no creía en ese tipo de tonterías. Sin ofenderse, y sin tratar de convencerme, él simplemente respondió con una sonrisa. Me entregó su tarjeta y me invitó a asistir a sus sesiones de clarividencia. "Podrás verificar por ti misma que la clarividencia es real".

Tomé la tarjeta por cortesía y la puse descuidadamente en uno de mis bolsillos sin siquiera mirarla. Realmente no creía en la clarividencia y no iba a perder el tiempo con eso, ya que los exámenes se acercaban. Además, era la hora de volver a la universidad y me despedí de estas dos personas.

Por la noche, cuando volví de la universidad, no pude evitar hablar de este sorprendente encuentro con mi compañero y le mostré la tarjeta que el vidente me había dado. Para mi sorpresa, mi compañero se mostró muy entusiasta y se ofreció a acompañarme para asistir a las sesiones de este vidente. Yo no tenía intención de ir allí, y fue solo por su insistencia que finalmente me puse en contacto con el vidente para asistir a sus reuniones públicas.

Tuvimos una cita la semana siguiente. Las consultas tenían lugar en la noche en la casa de este vidente, una vivienda aislada en el campo alrededor de Arras, una ciudad del norte de Francia. Nunca me habría aventurado sola a este lugar, pero estaba bien acompañada. Después de buscar mucho, finalmente llegamos frente a la puerta del parque de la hermosa casa de este vidente.

Había muchos otros autos estacionados en frente de la casa y cuando entramos, ya había veinte personas en una linda habitación donde ardía un agradable fuego. Fuimos recibidos con una bebida caliente y unas galletas y luego comenzó la sesión de clarividencia. La gente hizo sus preguntas y el vidente respondió muy rápido. Respondió tan rápido, sin ninguna vacilación que, por mi parte, no dudé en juzgar apresuradamente que ciertamente debía estar diciendo lo primero que le pasaba por la mente. Así que no hice ninguna pregunta. De todos modos, en ese momento tenía una mente tan obstinada que ya tenía decidido todo mi futuro, a punto tal que nunca se me habría ocurrido la idea de ir a ver a un vidente para conocerlo. Me parecía totalmente inútil. Yo creía firmemente en el futuro que mi mente racional me había trazado aunque nunca se haya echo realidad a pesar de todos mis esfuerzos y terquedad. Por el contrario, mi compañero, más abierto que yo y más incierto sobre su futuro profesional, comenzó a hacerle algunas preguntas al vidente. Le pidió que contactara a su abuela que había fallecido y le pidió información sobre su futura carrera.

Me molestó ver que mi compañero era tan crédulo. Con rabia, pensé: "Bueno, ya que estás, porque no le preguntas quién será tu futura novia". Pero me callé. Por supuesto, él era un adulto y era libre de tomar sus elecciones y tener sus creencias. Esperé pacientemente para poder irme. Se acabó finalmente la sesión y nos fuimos. Al regresar a casa, mi opinión sobre la clarividencia cambió por completo porque mi compañero me explicó que todo lo que el clarividente le había contado con tantos detalles sobre su infancia con su abuela era verdadero. Había descrito con gran precisión a su abuela, su manera de hablar, de vestirse, sus gustos, sus hábitos, su casa; había descrito el cuarto de mi compañero cuando era niño, su ropa y sus juguetes. ¡Todo esto era verdad! ¿Cómo este hombre podía saber todo esto? Allí, había algo que no encajaba con mi racionalidad.

Este medium no conocía a mi compañero, no le preguntó nada, y había sido capaz de describir su pasado: su abuela y sus hábitos de niño de una manera tan precisa. Entonces, me dije a mí misma, no le había dicho tonterías a la gente. La gente realmente obtuvo información sobre su futuro o se comunicó con sus parientes recientemente fallecidos. Quedé muy intrigada y desde ese momento, quise saber más y comprender el fenómeno de la clarividencia que me pareció realmente extraño.

Empecé a asistir regularmente a las sesiones públicas de este vidente que tenía la gran generosidad de enseñar voluntariamente a muchas personas sobre el mundo invisible y que aun sigue trabajando. No menciono su nombre aquí, porque él no interviene en privado, sino que solo da conferencias públicas la mayor parte del tiempo en el norte de Francia. En la vida ordinaria, este hombre era un vendedor. Vendía hojas de sierra. El resto del tiempo ayudaba a la gente atormentada, y con necesidades con su clarividencia y participaba en grupos de curación.

Gracias a él, conocí a muchos otros mediums y me ayudaron en mis investigaciones y mis experimentos personales. Siempre le estaré agradecida a este vidente por haberme permitido escapar de la prisión del modo de pensar materialista y racional que nos enseñan en las escuelas de Francia.

En aquel momento de mi vida, mi mente muy obstinada había recibido una buena bofetada y todo mi universo mental se había transformado. Gracias a eso, había dado un paso hacia la clarividencia: sabía que era posible, que era real. Hice mi investigación con un escepticismo cartesiano y concluí que la clarividencia de verdad existía y que era posible conocer el futuro. Sin embargo, todavía no sabía qué era la clarividencia y por qué solo algunas personas parecían tener este don. Quería aclarar estos puntos y comencé a cuestionar y observar a los videntes que conocía y a realizar una extensa investigación sobre este tema en librerías y bibliotecas. (En ese momento, Internet no existía). Todo esto me llevó a la conclusión de que hay tres tipos principales de videntes: los videntes directos autónomos, los videntes (comúnmente llamados "mediums") y que son asistidos y dependen de entidades incorpóreas, y los cartomantes que necesitan instrumentos materiales (cartas, bolas de cristal, runas, etc.)

1) Los videntes que ven de manera directa y autónoma sin ayuda.

Aquellos que pertenecen a esta categoría a quienes he llamado "videntes directos autónomos " son muy raros y a veces no hacen un uso público de sus habilidades en este campo. Estos son, por ejemplo, los yoguis de la India que han pasado sus vidas desarrollándose espiritualmente y han logrado activar todos sus chacras. La palabra chacra proviene de la India y se traduce como rueda o disco. Según las tradiciones del yoga, hay siete chacras principales en el cuerpo humano y miles de otros chacras secundarios. De hecho, estos chacras son todos centros energéticos del cuerpo humano.

En Occidente, tendemos a ignorar el aspecto energético del cuerpo humano y de toda la existencia. Por el contrario, en civilizaciones antiguas, particularmente en India, Egipto, China, los mayas, los toltecas etc. se ha tenido en cuenta el aspecto energético de la existencia, dando lugar a múltiples aplicaciones como acupuntura, artes marciales, feng shui, yoga kundalini e incluso sistemas legales.

Todos tenemos siete chacras principales que siguen en el eje de nuestra columna vertebral:

- el primer chacra es el chacra sagrado a la altura de los órganos sexuales;

- el segundo chacra llamado chacra raíz se encuentra en la parte inferior de la columna vertebral;

- el tercer chacra es el del plexo solar;

- el cuarto chacra está en el nivel del corazón;

- el quinto chacra está al nivel de la garganta;

- el sexto chacra está en la frente y también se llama tercer ojo, centro ajna u ojo espiritual;

- el séptimo chacra es el que se encuentra en la parte superior del cráneo, es el chacra coronal.

A través de ejercicios y una forma de vida adaptada, los yoguis hacen subir la energía que está en la base de la columna vertebral (o Kundalini) en sus chacras para activarlos. Se sabe que la fuerza Kundalini, cuando despierta y alcanza el centro ajna (punto que está en medio de la frente entre los dos ojos), activa la capacidad de viajar en el tiempo, es decir, saber el pasado y el futuro. Las personas que han abierto su centro de ajna u ojo espiritual adquieren así el poder de la clarividencia.

Estos dones no son prerrogativa de Oriente y sus yoguis. En Occidente, también tuvimos grandes videntes. Aunque no parecen haber conocido las prácticas de los yoguis de la India, estas personas se han desarrollado lo suficiente para poder pasar la barrera de su propia mente racional, ponerse a tono con el subconsciente de otras personas y leer allí el futuro que se están preparando.

Por ejemplo, en Italia, vivió un famoso vidente: Gustavo Rol. Vivió en el norte de Italia, en Turín, donde nació el 20 de junio de 1903 y murió el 22 de septiembre de 1994. Sus poderes fueron tan extraordinarios que la gran gente de su tiempo viajó a esa ciudad para consultarlo. Entre muchos otros: General de Gaulle, Mussolini, Kennedy. Gustavo Rol se defendió de ser versado en paranormal o parapsicología. Declaraba que sus experimentos eran científicos y que todos los seres humanos tienen el potencial para desarrollar naturalmente capacidades como las suyas.

Sobre este último punto, Edgar Cayce, compartió la misma opinión que Gustavo Rol. Edgar Cayce, que fue uno de los mayores videntes occidentales, nació en 1877 en los Estados Unidos, donde murió en 1945. Mientras yacía en una cama podía cruzando las manos sobre el pecho, entrar en un estado de auto hipnosis y contestar a las preguntas que le hacía su esposa. Todo lo que contestaba en este estado era anotado en taquigrafía por su secretaria. Es así que Edgar Cayce dejó más de 14,000 consultas que ahora están disponibles en la A.R.E (Association for Research and Enlightment), una asociación sin fines de lucro fundada en los Estados Unidos en 1931 por Edgar Cayce.

Sitio web https://www.edgarcayce.org

En este estado de auto hipnosis, Edgar Cayce podía acceder a la omnisciencia de su subconsciente y al mismo tiempo podía leer en el subconsciente de las personas que lo consultaban. Es así que podía responder con eficacia a todo tipo de preguntas que las personas le hacían y que se centraban principalmente en la salud y el destino. En este estado de trance hipnótica, Edgar Cayce podía ver el interior del cuerpo humano y era tan eficaz para diagnosticar problemas de salud, que muchos médicos estadounidenses no dudaron en apelar a él. También abordaba temas filosóficos, espirituales o históricos durante sus sesiones. Por supuesto, también pudo hacer predicciones sobre el futuro. A pesar de su talento, Edgar Cayce nunca afirmó ser alguien extraordinario. Por el contrario, decía que todos tenemos facultades psíquicas latentes que están destinadas a desarrollarse. Basta estudiar durante un tiempo determinado y de cierta manera (Explico cómo hacerlo de manera eficaz en mi libro: *El significado de los sueños*) los vínculos entre los sueños y la realidad, para tomar conciencia de estas capacidades latentes y de la omnisciencia del subconsciente.

En muchos aspectos, las investigaciones sobre la hipnosis que hizo Albert de Rochas d'Aiglun (1837-1914) permite entender lo que le estaba sucediendo a Edgar Cayce cuando estaba en estado de hipnosis. Albert de Rochas d'Aiglun no era un medium. Era director de la escuela politécnica de formación de ingenieros de París en Francia y se interesaba en la hipnosis. Llevó a cabo muchos experimentos que registró principalmente en estos dos libros:

- *Los estados profundos de la hipnosis*
- *Los estados superficiales de la hipnosis.*

Leer los relatos de los experimentos realizados por Albert de Rochas d'Aiglun confirma el hecho de que el subconsciente es omnisciente y que es posible utilizar la sugestión hipnótica para conocer el futuro.

Es al entrar en contacto con su propio subconsciente, el de su consultor o ambos, que los videntes pueden obtener información sobre el pasado, presente o futuro de personas que nunca antes habían visto.

Pero cuando soñamos, todos nosotros tenemos acceso a la omnisciencia de nuestro subconsciente. Lo hacemos naturalmente, todas las noches, sin ningún riesgo para nuestra salud mental y física, sin hipnosis y con total independencia. Una independencia que ya no tienen los videntes que son ayudados por entidades incorpóreas, en otras palabras, por "espíritus".

2) Los videntes que son ayudados por entidades desencarnadas o espíritus:

El primer vidente que conocí pertenecía a esta categoría. No leía directamente en el subconsciente de las personas que lo consultaban, sino que eran espíritus incorpóreos que lo hacían en su lugar y le comunicaban la información. Él decía que tenía guías habituales invisibles con los que comunicaba, aunque también se comunicaba con otras entidades que a menudo eran relativos recientemente fallecidos de los consultantes y, a veces otros espíritus que, según afirmaban venían para ayudar a los vivos. El vidente era solo un medio de comunicación para espíritus incorpóreos, un canal, un medium, un mensajero desinteresado. El encuentro con este vidente me abrió las puertas de la espiritualidad y de los centros de curación espirituales del norte de Francia. Allí conocí a muchos otros videntes de esta categoría que me hablaron del famoso libro de Allan Kardec: *El libro de los espíritus*, publicado por primera vez en París en 1857, que expone la doctrina espiritista y presenta preguntas hechas a los espíritus y sus respuestas y enseñanzas. El verdadero nombre de Allan Kardec es: Hippolyte Léon Denizard Rivail. Nació en Lyon en 1804 y murió en París en 1896.

En esta categoría, la mediumnidad más impresionante es la llamada incorporación. Consiste en dejar que un espíritu incorpóreo penetre en el cuerpo del medium y se comunique a través de su cuerpo utilizando incluso sus cuerdas vocales. En otras palabras, el espíritu de algunos mediums puede abandonar momentáneamente su cuerpo físico para prestárselo a los espíritus que los ocupan y los usan para comunicar. Para aquellos que realmente no saben nada al respecto, como yo cuando comencé, les digo que no somos solo cuerpos. El cuerpo físico es el vehículo o receptáculo de nuestra alma: personalidad, espíritu, esencia vital, llámalo como desees- Nuestra alma entra a más tardar un poco antes del nacimiento, y sale por última vez a la muerte. Mientras tanto, el alma puede abandonar el cuerpo durante un choque emocional o físico muy importante, en la noche cuando dormimos, o de buena gana gracias a ciertas técnicas espirituales de salida del cuerpo.

En uno de los grupos de mediumnidad a los que tuve acceso, pude consultar grandes encuadernaciones en las cuales desde muchos años se registró todo lo que se decía durante las sesiones de incorporaciones de los mediums.

Nunca he participado activamente en ninguna de esas actividades mediúmnicas. Me juzgaron demasiado joven para eso y solo me permitieron asistir a ciertas sesiones como observadora. Y, con mi escepticismo, realmente no dejé de observar todo lo que sucedió allí.

Después de estudiar atentamente todos los textos de estas grandes encuadernaciones y observar a los mediums, llegué a la conclusión de que a menudo los espíritus que llegaban a comunicarse no eran siempre sabios, que el consejo dado a veces carecía de sentido común, y que hubo muchas predicciones falsas. También observé que este tipo de mediumnidad a veces puede tener un alto precio para los mediums que de buena fe pueden estar lidiando con bromistas o incluso espíritus maliciosos. Si caen presas de espíritus malignos, pierden una parte de su energía vital y, a veces, incluso su equilibrio nervioso y su salud psicológica.

Es este tipo de mediumnidad que se usaba comúnmente en los templos de la antigüedad. En los templos antiguos, se conocían algunas técnicas para expulsar espíritus no deseados y atraer espíritus benevolentes, así como técnicas para aumentar la vibración corporal para poder acceder a entidades superiores.

El problema con los espíritus es que pueden engañar a los mediums y presentarse ante ellos con el único propósito de alimentarse de su vitalidad y de la de sus consultantes. Primero se necesita desarrollar un cierto discernimiento para poder practicar este tipo de mediación de forma segura. Personalmente, aunque me resulta muy interesante leer los libros de Allan Kardec, no recomendaría a nadie que intente utilizar sus métodos para contactar espíritus, debido a los peligros que esto presenta. He descubierto que este tipo de mediumnidad puede causar problemas de envejecimiento acelerado y equilibrio nervioso hasta la locura. Es por eso que en los centros de espiritismo aquí en Francia los mediums trabajan casi siempre en grupo para protegerse.

Fue desde los Estados Unidos que en 1847 la popularidad de las comunicaciones con los espíritus se extendió a Europa y fue llamado espiritismo por Allan Kardec.

En todo el mundo, todavía hay muchas asociaciones espiritistas y hoy en día Allan Kardec es muy popular, por ejemplo, en Brasil. Sin embargo, la corriente de la Nueva Era ha cambiado el nombre de "espiritismo" y se ha convertido en channelling del inglés "canalización".

No importa la palabra que se use ni los espíritus a los que se haga referencia, el principio es siempre el mismo. No es el ser humano quien desarrolla sus habilidades para acceder a la información subconsciente, sino que apela a los espíritus incorpóreos que "leerán" esta información por él. De hecho, de acuerdo con el grado de evolución espiritual del medium, su estado de salud física y psicológica, su estado de ánimo, sus deseos, sus intenciones, los lugares donde ejerce sus talentos y las personas que lo rodean, algunos tipos de espíritus serán atraídos. Es como en nuestro mundo real: aquellos que son parecidos se unen y si tienes riqueza sin supervisión, eso también puede atraer ladrones y mentirosos.

Yo estoy y siempre estaré agradecida con este primer vidente por haberme abierto nuevos horizontes espirituales que me permitieron escapar de la cárcel de la educación materialista de las escuelas francesas.

Pero, descubrí que estos videntes se arriesgaban demasiado para conocer el futuro a través de los espíritus, que no siempre son confiables; mientras que es posible ver nuestro futuro en nuestros sueños con toda autonomía, de manera natural y sin peligro. Lo había experimentado muchas veces, porque a menudo tenía sueños premonitorios en los que podía ver muy claramente los eventos de mi futuro y también el futuro de otras personas.

Mis estudios en la Universidad de Lille llegaban a su fin. El siguiente paso fue París para escribir mi tesis doctoral sobre el derecho de las patentes. Esto me alejó de los grupos de mediumnidad que frecuentaba en el norte de Francia, y comencé a investigar y experimentar sobre "la clarividencia onírica". Lo que fue muy fructífero y que analizaré más adelante. Por el momento, voy a terminar con las diferentes categorías de videntes, hablándoles sobre "videntes que se ayudan con instrumentos y técnicas".

3) Los clarividentes que se ayudan a sí mismos con instrumentos y técnicas:

Cuando un vidente pretende ver tu futuro en las cartas que eliges. Lo que pasa en realidad es que es tu subconsciente, cuando logras hacerlo cooperar, el que "tira las cartas". Mientras más relajado estás cuando eliges las cartas, más tus fuerzas subconscientes tendrán la oportunidad de manifestarse en tu sorteo. En cuanto al vidente que lee las cartas que has elegido, solo sirve como intérprete entre tu y tu subconsciente y lo hace según las cartas elegidas y la forma en que las pones sobre la mesa.

En cuanto a las bolas de cristal, ayudan al medium a entrar en un estado de mayor receptividad o incluso auto hipnosis que le permite comunicarse mejor con su subconsciente y con el tuyo a fin de obtener información sobre el futuro.

Los seres humanos siempre fueron ansiosos por conocer su futuro, y existen técnicas y prácticas en todo el mundo para ayudarlos: I-Ching, numerología, astrología, quiromancia, clarividencia, etc. Uno de los puntos comunes de todos estos métodos y medios utilizados para sondear el futuro es que la información recibida responde a una solicitud específica hecha por una persona a un profesional, en un momento dado. La clarividencia en los sueños presenta una considerable ventaja sobre todos los otros tipos de clarividencia porque puede intervenir sin ninguna solicitud previa. Es como si cada ser humano tuviese naturalmente un sistema de alerta automático. Este sistema es operado por el subconsciente para prevenir al soñador de eventos futuros. Lo advierte a veces de cosas muy inesperedas y acerca de la cuales nunca se le habría ocurrido hacer preguntas a un vidente. Para que puedas entender mejor, daré un ejemplo personal de este fenómeno onírico que anuncia y prepara un futuro que parece estar fuera de sintonía con la realidad del soñador y, es por lo tanto, inesperado.

En un momento de mi vida, mientras estaba muy bien en Francia y no tenía intención de ir a vivir a otro lado, comencé a tener una serie de sueños muy específicos que me mostraron una ciudad italiana y un departamento donde iba a vivir. Desde la ventana de este alojamiento, veía frente a mí la cúpula dorada de una iglesia coronada por una pequeña cruz y, a la derecha, vi la cumbre particular de un monumento de esta ciudad. Poco a poco, durante la notación matutina de mis sueños, me di cuenta de que esta ciudad que veía en esta serie de sueños y en la que mi futuro parecía proyectarse era una ciudad del norte de Italia: Turín. Unos meses más tarde, tuve que ir allí para hacer investigaciones en las bibliotecas y necesité alquilar un departamento. Esto se dió muy fácilmente, como si todo hubiera sido preparado en otro plano de existencia. No tardé en encontrar el alojamiento que había visto en mis sueños, y era el único departamento que había visitado entre todos los que me propusieron las agencias inmobiliarias. A través de su ventana, vi la cúpula y su cruz y la parte superior de un monumento emblemático de la ciudad, que luego supe que era la Molle que albergaba el museo del cine.

Es un ejemplo personal entre muchos otros ejemplos de sueños que hacen mi vida más fácil, la hacen mágica y me advierten de los peligros. En otra ocasión, soñé con los atentados de Nueva York y describo este sueño en mi libro: *Tus sueños pueden salvarte la vida*. Esto me sucede a menudo y se ve que los sueños premonitorios son muy útiles. Mis sueños pueden ayudarme a menudo en mi vida real porque aprendí a comunicarme mejor con mi subconsciente, a desarrollar mis habilidades de soñadora y a entender el lenguaje de mis sueños. Pero no me contento solo con recibir pasivamente información en los sueños. Muy a menudo, hago preguntas a mis sueños para obtener respuestas. Para este propósito, inventé una técnica muy efectiva pero que requiere un período de entrenamiento y un poco de trabajo personal.

Para todos aquellos que no tienen tiempo para entrenarse, no todo está perdido. Todavía pueden ver su futuro en sus sueños usando dos técnicas muy simples que les explicaré. Les permitirán tener acceso a la información que necesitan. Antes de hablar sobre estas técnicas, vamos a ver por qué es posible conocer el futuro en nuestros sueños.

Capítulo 2: ¿Por qué podemos ver el futuro en los sueños?

Como te dije en el capítulo anterior, me di cuenta gracias a ciertos sueños premonitorios que era posible ver el futuro en los sueños. Pero, la escuela francesa me había condicionado tan bien que durante mucho tiempo usé mis sueños premonitorios principalmente para cometer muchos errores. De hecho, no sospechaba que tenía sueños premonitorios sobre las personas que me rodeaban y me divertía contándoles esos sueños que me parecían curiosidades sin importancia. Uno de mis peores errores, lo cometí en el restaurante vegetariano de Lille, donde conocí a mi primer medium.

Un día, cuando me senté a almorzar, volví a recordar un sueño con tanta fuerza sobre D, el dueño del restaurante, que no pude evitar contárselo. "Oh! Es gracioso, anoche, soñé que llorabas mucho porque tu compañera te había

31

dejado. Pero te decía que no te preocuparas, porque después tendrías una relación muy agradable con una cantante". Y le dije: "Ya verás, tú estarás muy enamorado y a menudo viajarás con ella." D. me escuchó sin decir nada. Estaba notablemente avergonzado. Y por una buena razón, su compañera estaba allí, justo enfrente de mí y no la había visto. ¡Perdón! Me disculpé diciendo que era solo un sueño y me senté en silencio lo más lejos posible.

Sin embargo, unos meses después, D. nos atendió llorando en su restaurante. Su compañera lo había dejado. Él, que había vivido tanto tiempo con ella, sus hijos y su perro, de repente se encontró desesperadamente soltero. Nosotros, los clientes de su restaurante, tratamos de consolarlo lo mejor que pudimos. Afortunadamente, el tiempo borra hasta las heridas más terribles y nuestro amigo finalmente secó sus lágrimas. Un día, mientras iba a almorzar como siempre, encontré el restaurante cerrado por vacaciones. Era inesperado. D. se había enamorado de una cantante que había venido a trabajar a la Ópera de Lille, y él se fue de viaje con ella. Así, mi "error" ¡se realizó por completo!

Afortunadamente, el encuentro con L. mi "primer vidente", y la mayor frecuencia de mis meteduras de pata finalmente me abrieron los ojos al hecho de que podemos ver el futuro en nuestros sueños: el nuestro y el de los demás.

La clarividencia que practicaba L. me asustaba. No quería desarrollar este talento de mediumnidad. Por otro lado, tenía muchas facilidades para soñar el futuro de una manera precisa y me atraía más el hecho de desarrollar el talento de la clarividencia onírica. Esto, sumado a otras circunstancias en mi vida y a mi trabajo en el campo de la creatividad y los inventos, me llevó a hacer una extensa investigación sobre los sueños y más específicamente sobre los vínculos entre los sueños y la realidad.

Gracias a esta investigación realizada durante largos años (ahora más de 25 años), puedo decirles que es posible ver nuestro futuro en nuestros sueños por la sencilla razón de que estamos viviendo nuestra vida de una manera que es al revés. Con esto quiero decir que a pesar de las apariencias, no es nuestra mente consciente y racional la que conduce el bote de nuestra existencia, sino nuestras fuerzas subconscientes.

Ellas son las que constantemente crean nuestro futuro, con o sin la cooperación de nuestra mente consciente. Por lo tanto, todo lo que vivimos en la realidad se concibió y organizó antes en la energía del sueño. Toda la vida material es una manifestación concreta de nuestra vida psíquica subconsciente. Esto explica la existencia de los llamados sueños premonitorios y también las sensaciones de déjà vu, ya conocido. Estas sensaciones tienen, casi siempre, su origen en el hecho de que ya hemos soñado con eventos o visto en sueños ciertos lugares pero que los hemos olvidado.

De hecho, todo lo que existe en realidad se concibió antes en "la energía de los sueños", es decir, en el mundo energético que duplica y baña nuestro mundo material.

Aunque la mente consciente -con la cual exploramos el mundo material a través de nuestros sentidos- influye en el subconsciente, son las fuerzas subconscientes las que determinan los eventos más importantes de nuestro futuro con el consentimiento o no de nuestra mente consciente, es decir, que lo queramos o no de manera consciente o racional. El subconsciente es el verdadero maestro de nuestro destino. Es principalmente a través del sueño y el cuerpo físico que nuestro subconsciente y nuestra conciencia se comunican. Los sueños nos permiten comunicarnos con nuestras fuerzas subconscientes, es muy importante prestar atención a los sueños para guiarnos mejor en la vida y para ver nuestro futuro cercano o más distante.

Cuando aprendemos a hablar el lenguaje de los sueños, nos damos cuenta de que tener sueños premonitorios no es nada extraordinario. Este es un fenómeno muy común que ocurre todas las noches y que la mayor parte del tiempo se refiere solo a eventos cotidianos.

Por ejemplo, puedes soñar con el color especial de un sobre que el cartero pondrá mañana en tu buzón. O que te encontrarás con tu vecino que dirá "hola" y que ese día llevara una corbata rojo brillante.

Aquí te cuento un ejemplo personal que me ocurrió unos días antes. Antes de ir a dormir puse mi despertador para no perderme la entrega de un paquete grande y pesado que debía recibir a partir de las ocho de la mañana hasta las seis de la tarde. Un poco antes de levantarme, soñé que estaba en una oficina para recoger este paquete. Cuando me levanté, no entendí este sueño ya que estaba allí y que había tomado todas las medidas para recibir este paquete sin problemas. Por desgracia, alrededor de las once de la mañana, recibí un mensaje de texto urgente de la empresa de mensajería que me informaba: que los repartidores se habían presentado; que debido a mi supuesta ausencia, no habían podido entregar el paquete; que habían dejado un aviso en mi buzón de correo y que el paquete estaría disponible en el punto de retransmisión más cercano. Descontenta por esta mala fe, por haber perdido mi tiempo por nada y por la perspectiva de tener que llevar yo misma este pesado paquete desde la oficina de correos hasta mi casa, me consolé diciéndome a mí misma: "¡Ah! ¡Vale! Así que eso fue lo que anunció el sueño de esa noche." Mi subconsciente sabía que los repartidores no hicieron el esfuerzo de pasar. Si lo hubiera escuchado, podría haber ido a dar un paseo y levantarme más tarde en lugar de esperar a los mensajeros que, en realidad, nunca pasaron por mi casa. ¡Es increíble lo práctica que es mi mente subconsciente!

Todos naturalmente tenemos sueños premonitorios, por la buena razón de que todos construimos nuestro futuro en el mundo de los sueños. Sin embargo, solo muy pocas personas se dan cuenta de que tienen sueños premonitorios todas las noches. Esto se debe a varios factores que se entremezclan:

- el olvido de los sueños,

- el no entender el lenguaje y los símbolos de los sueños,

- la mezcla en el mismo sueño de varios niveles de realidad haciendo su interpretación extremadamente difícil,

- el mezclar sueños de información personal e información que se relacionan con otras personas.

Afortunadamente, incluso para aquellos que no han hecho un trabajo personal para descifrar los sueños y explorar el mundo de sus sueños, a menudo tienen sueños premonitorios que son claros y límpidos y no necesitan interpretación.

Voy a darte, ahora, un ejemplo personal de sueño premonitorio que se vuelve muy claro solo una vez que se conoce el lenguaje a menudo simbólico que nuestro subconsciente usa en los sueños.

Cuando tenía treinta años, ya había escrito libros y estaba tomando medidas para su publicación en Francia. Fue entonces cuando soñé que iba a vivir en Nueva York para vender fresas en una pequeña empresa de frutas.

Fue un sueño muy corto. Lo había escrito en mi cuaderno sin entender su significado y sin prestarle demasiada atención, porque en ese momento Nueva York no me interesaba en absoluto. No me veía viviendo en un país que no fuera Francia, en una ciudad que no fuera París. Todavía hablaba inglés muy formal y realmente no imaginaba que algún día empezaría a escribir libros en inglés e incluso dar conferencias en ese idioma. No fue hasta aproximadamente diez años después, cuando todo para mí estaba desesperadamente bloqueado en Francia, que fui a Nueva York a publicar mis libros en una pequeña casa editorial.

El sueño que había tenido más de diez años antes se había hecho realidad. Mientras tanto, gracias a mi investigación sobre los sueños, aprendí a decodificarlos de manera precisa y entendí que las fresas representaban "libros" para mi subconsciente, libros que había escrito. Hace más de una década, cuando estaba viviendo un momento extremadamente difícil, mis sueños no solo me indicaron adónde ir, sino que también me mostraron un futuro libre de los obstáculos que vivía en Francia.

Con la experiencia, podemos ver que la mayoría de los sueños premonitorios se proyectan en un futuro muy cercano, mientras que algunos sueños premonitorios pueden proyectarse uno, dos, diez o veinte años y, a veces, incluso más en el futuro de una persona. Por supuesto, los sueños no son todos premonitorios. Algunos se relacionan con el pasado o con problemas psicológicos. Otros son meras "indigestiones de información" cuando hemos pasado demasiado tiempo mirando televisión o en contacto con mucha gente. Además, muchas pesadillas a menudo son causadas simplemente por el estrés o la mala digestión. Afortunadamente, la mayoría de las pesadillas y también los sueños de muerte no son sueños premonitorios. Hay principalmente siete niveles de sueños, de los cuales hablo en detalle en mi libro "El Significado de los Sueños".

En resumen: no hay nada paranormal en ver nuestro futuro en los sueños. Es una función perfectamente normal y banal de nuestro cerebro. Si tomaste nota de tus sueños y tu realidad por un tiempo, aplicando algunas de las técnicas que creé, podrías comprobarlo fácilmente. Tus sueños de forma espontánea te dan información sobre tu futuro, porque ellos son los que crean tu futuro. Pero si no quieres hacer un trabajo personal para entender el lenguaje de tus sueños, solo necesitas aplicar puntualmente las dos simples técnicas que te explicaré ahora para pedir información a tu subconsciente.

Capítulo 3: Cómo hacer fácilmente preguntas a tu subconsciente para que te dé información sobre tu futuro en tus sueños

Todos ustedes conocen la historia de la maravillosa lámpara de Aladín: Cuando frota la lámpara, sale un humo y luego aparece un genio que dice "pide un deseo, tus deseos son mis órdenes". Nuestro subconsciente es un poco como el genio de la lámpara de Aladín, tienes que frotar su lámpara un poco para hacer salir de ello sueños que te darán la información que necesitas. Frotar la "lámpara" significa comunicarse con nuestro subconsciente para obtener ayuda e información. Hay múltiples técnicas que siempre han sido utilizadas por los videntes pero que no son accesibles para los simples mortales. Sin embargo, gracias a los sueños, es posible que todos "froten la lámpara también". Hablaré ahora de dos técnicas muy simples accesibles para todos. Luego explicaré lo que se puede hacer para que estas técnicas sean aún más efectivas, y finalmente mencionaré lo que bloquea su efectividad.

Como escribí anteriormente, la ventaja de la clarividencia onírica en comparación con otros tipos de clarividencia es que tu "buen genio" está a tu disposición para ayudarte, incluso si no le pides nada. Todas las noches te da, a través de tus sueños, información sobre tu futuro cercano o lejano, a veces en sueños muy claros que no necesitan ser interpretados.

Por supuesto, si le pides ayuda con claridad, tu subconsciente podrá informarte aún más, y hará tu vida más fácil y mágica.

Para hacerle una pregunta a tu mente subconsciente puedes usar estas dos técnicas muy simples:

1) Las técnicas

Técnica número 1: técnica de inducción onírica

Por la noche, antes de conciliar el sueño, cuando estás completamente relajado y somnoliento, piensa como en un ensueño la pregunta que te concierne. Tienes que pensar en esta pregunta de una manera muy relajada y neutra, como cuando estás en un tren mirando el paisaje que se mueve mientras estas hundido en tus pensamientos. Hacer esto le da a tu subconsciente la orden de enviarte información sobre el tema que pensaste justo antes de quedarte dormido. Esta es una técnica muy simple, pero es extremadamente efectiva.

Es necesario enfatizar la importancia de los pensamientos que tenemos en mente antes de conciliar el sueño y el hecho de que realmente se desaconseja ver algunas películas, leer algunos libros y escuchar cierta información justo antes de irse a dormir. Teñirán tus sueños y, finalmente, tu vida. Todos los pensamientos que entran y salen de tu cerebro influyen en tu vida. Debemos prestar especial atención a los pensamientos que tenemos en la noche antes de acostarnos, porque influirán en el contenido de nuestros sueños y ayudarán a "construir" nuestro futuro para bien o para mal. Dormir sirve mucho más de lo que creemos. Fue investigando la relación entre el sueño y la realidad que comprendí la importancia de dormir y de dormir bien. Pero no siempre fue así para mi.

En mi infancia, pensaba mucho y molestaba a mis padres con mis conclusiones descabelladas. Un día, tuve la idea de que dormir era algo inútil, que era realmente una ocupación ridícula. Fui a hablar con mis padres que tenían un método de educación adaptado a una gran familia de niños obstinados: les permitían hacer sus experimentos. "Tienes razón totalmente", me dijeron, "es realmente tonto quedarse así en una cama sin moverte durante horas cuando puedes jugar". A partir de ahora, ya no dormirás más. Estaba encantada. Era tarde, después de la película que habíamos visto en la televisión, casi todos comenzaron a bostezar y luego se fueron a la cama. Me encontré en la sala de estar con mis dos hermanos pequeños que estaban felices de seguir jugando y estaba también el gato. Mis hermanos jugaron conmigo por un tiempo. Luego, por desgracia, se durmieron en el piso de la sala de estar. Seguí jugando sola con el gato hasta que también se acurrucó para dormir. Descubrí que el ambiente de la noche era extraño. Nunca había experimentado estar despierta y jugando mientras toda la familia estaba dormida. Este silencio fue bastante inusual, ya que vivía permanentemente entre el ruido y el movimiento de una gran familia de diez niños. Empecé a sentirme aburrida. No había nada divertido en estar sola sin nadie para jugar conmigo. Con el aburrimiento, la fatiga comenzó a llegar, y a pesar de mi determinación y de mi lógica me adormecí yo también.

A la mañana siguiente, me desperté en mi cama donde mi padre me había depositado, cuando se levantó temprano en la mañana para ir a trabajar. Esa mañana, estaba un poco enojada a propósito del sueño, pero seguía pensando que "dormir es inútil".

Bueno, ahora, sé por experiencia que es todo lo contrario. Dormir sirve para muchas cosas. Durante el sueño, es cierto que el cuerpo descansa, se limpia, se restaura, se recarga con energía. Además, y lo que me parece mucho más importante, hacemos muchas cosas cuando dormimos, y esto es mucho más efectivo que en el estado de vigilia. En el estado de vigilia, estamos limitados por el hecho de que estamos en un cuerpo físico y que nuestra mente nos da acceso a una cantidad mucho menor de información. En el estado de sueño, nos comunicamos mucho más fácilmente con otros seres vivos (seres humanos, animales, plantas).

Ya no existe la barrera del tiempo, la distancia o los idiomas. Durante mi investigación, pude observar que en el estado de los sueños todos los cerebros de los seres humanos se comunican muy activamente. En el mundo energético de los sueños hay una especie de enorme y poderosa red de energía invisible en donde circula tanta información, que Internet, tal como lo conocemos, parece insignificante. (No soy la única investigadora que testimonia este fenómeno).

Por la noche, en sueños, también podemos viajar, ir al otro extremo del planeta sin sufrir ningún jet lag. De manera más prosaica, cuando vivimos en países burocráticos, a veces resolvemos nuestros problemas con las administraciones o comprobamos que nuestro archivo ha sido bien tratado. Visitamos a nuestros seres queridos, o tomamos unas vacaciones completamente gratis y sin jet lag donde hay sol, etc.

Las actividades que podemos tener en el sueño dependen de nuestros intereses, nuestros pensamientos antes de ir a la cama, nuestro nivel de energía, nuestra calma interior, la forma en que comimos, dónde dormimos y las personas que están cerca de nosotros. Si comemos una comida pesada justo antes de irnos a dormir, hay una alta probabilidad de que nuestros sueños se limiten a la digestión o a pesadillas. Es un poco como en el estado de vigilia, nuestra vida de vigilia también se lleva a cabo de acuerdo con nuestros centros de interés, nuestra buena o mala forma cuando nos ponemos en camino y actuamos. También está influenciada por las personas con las cuales nos relacionamos. De manera similar, en realidad, si hemos comido demasiado, nuestra energía se concentra en el sistema digestivo y, cansados por la digestión, a menudo no hacemos más que digerir.

En general, lo que podemos hacer durante el sueño es una continuación de lo que hicimos durante el día y aun más durante la tarde antes de dormirnos. Por ejemplo, un científico de investigación que trabaja duro en un tema determinado sueña con visitar a colegas para hablar con ellos. Alguien que intenta resolver un problema técnico con calma tendrá todas las posibilidades de soñar con la solución. Es así que suceden muchas invenciones. Una persona que solo ve películas de terror antes de irse a dormir tendrá todas las probabilidades de sentirse atraída por lugares poco saludables y escenas de terror durante sus sueños y despertarse de mal humor y deprimida. Es una pena pasar noches allí cuando hay tantas cosas interesantes que hacer, ver y descubrir en el mundo de los sueños donde podemos disfrutar de mucha libertad si respetamos ciertas reglas de higiene personal y psicológica. Cierro aquí, este paréntesis. Ahora, voy a hablarte de la segunda técnica que puedes usar para hacer preguntas sobre tu futuro a tu subconsciente.

Técnica número 2: cómo hacer activamente una pregunta al subconsciente para conocer tu futuro

La segunda técnica es más activa. Se puede practicar también por la noche antes de dormir, pero también en cualquier otro momento del día, siempre que uno esté tranquilo y calmado. En esta técnica usamos voluntad y deseo.

Le hacemos una pregunta a nuestro subconsciente al concentrar nuestra energía de pensamiento en la frente en el medio de ambos ojos (llamado centro de ajna en Yoga, o tercer ojo u ojo espiritual). Mientras hacemos nuestra pregunta, proyectamos imágenes en nuestras mentes y las cargamos emocionalmente con el deseo que proviene del corazón. Es decir, realmente queremos saber y generamos esta energía de deseo que proviene del plexo cardíaco (o chacra del corazón). Usamos al mismo tiempo el centro entre los dos ojos, el corazón, la imaginación, el pensamiento y la voluntad. Este método es muy poderoso.

Yo te aconsejo formular tu pregunta y prestar atención a lo que preguntas. No hagas preguntas negativas, (que sean siempre positivas). Por ejemplo, no pregunte "¿corro el riesgo de ser despedido?", Sino "¿mantendré mi trabajo?" O "¿cambiaré de trabajo?" Lo ideal sería hacer preguntas a su subconsciente en su propio lenguaje decodificado previamente. Pero se necesita aproximadamente un año de trabajo personal para decodificar con precisión el lenguaje de tus sueños. Si no has aprendido a dominar el lenguaje de tu subconsciente, aún puedes pedir ayuda con tus palabras cotidianas. El subconsciente siempre responde de una forma u otra cuando se le pregunta. La respuesta puede venir principalmente en un sueño, pero también de manera diferente.

Entonces esa es la segunda técnica. Hay otras, pero estas son las más simples, las más accesibles para todos y se pueden hacer aún más efectivas agregando algunos elementos concretos.

2) Medios para mejorar la efectividad de estas técnicas:

Puede usar ambas técnicas tal como son sin ningún medio adicional. Pero para mejorar su efectividad, hablaré sobre dos formas fáciles de implementar y sin peligro: el aceite esencial de salvia y el cuarzo.

Las interesantes propiedades del cuarzo:

He tenido muchas experiencias en el campo de los sueños, por curiosidad y también para entender cómo funcionan el cerebro y el cuerpo humano en general. Durante un período de mi vida, quise experimentar con piedras y cristales. Probé algunos de ellos poniéndolos debajo de mi almohada o sobre mi mesita de noche y comparando mis descubrimientos con lo que está escrito en la literatura especializada sobre cristales. Es realmente emocionante descubrir cómo ciertos cristales y piedras actúan en nuestro cerebro y en la circulación de energía en nuestro cuerpo. Este no es el tema de este libro, pero comparto algunas de mis experiencias en videos que encontrarás en mi sitio: www.amancini.com

Durante estos experimentos, descubrí que las puntas de cuarzo son amplificadores y aclaradores de sueños. Las bolas de cristal utilizadas por los videntes son en realidad cuarzo, y esto probablemente no sea por casualidad. Puedes obtener los mismos resultados mientras duermes. Todo lo que necesitas hacer es encontrar la punta de cuarzo que te convenga, ponerla debajo de tu almohada, usar una de las dos técnicas que expliqué anteriormente y dormir lo suficiente. Si también tienes un estilo de vida saludable, usando un cuarzo, obtendrás más sueños y sueños más claros. Por mi parte, siempre trato de soñar de forma natural, porque los cristales son "muletas" para nosotros, y todos podemos aprender a "caminar sin muletas". Sin embargo, a veces uso mi cristal favorito en ocasiones especiales, si estoy demasiado cansada o si no puedo dormir tanto como quiero. Aquí hay una fotografía del cuarzo que uso.

Lo compré hace más de una década en Nueva York en una pequeña tienda cerca del río Hudson y nunca más me abandonó. Más tarde, compré un cuarzo mucho más grande. Y cuando lo probé, no funcionó. Por lo tanto, es necesario probar varias piedras y recomiendo que el cuarzo sea lo más transparente posible y que te atraiga irresistiblemente.

Para resumir: solo tienes que poner una buena punta de cuarzo debajo de la almohada y tendrás más posibilidades de recordar tus sueños. Estos también serán mucho más claros y la comunicación entre tu subconsciente y tu mente mejorará significativamente. Para elegir tu cuarzo, déjate guiar por tu intuición. Ve al cuarzo que más te atraiga. Antes de usarlo, lávalo con agua corriente para limpiar la información que recibió al contacto con las personas que lo tocaron antes. Cuando habrás encontrado el cuarzo que te conviene, consérvalo de manera preciosa, te será de gran ayuda en caso de urgencia. Los curiosos pueden hacer este experimento con un cuarzo para probar los efectos en las plantas. Cuando compro un ramo de perejil, cilantro o albahaca, lo pongo en un jarrón con un poco de agua en el fondo. Un día, tuve la idea, al ver mi ramo de albahaca marchitándose en su jarrón, de poner un cuarzo en el agua. Muy rápido, vi cómo se recuperaba el ramo. Renové el experimento con éxito con otras plantas. (Hice estos experimentos con ramos de cultivo ecológico).

Otro experimento interesante para hacer con un cuarzo: toma una botella de vidrio, pon un cuarzo, llénala con agua pura y pon todo al sol durante unas horas. Bebe un vaso de esta agua antes de irte a dormir y observa el efecto en tus sueños. Serán mucho más brillantes.

Los poderes del aceite esencial de salvia: (salvia sclarea)

Durante mi investigación, probé varios aceites esenciales para observar sus efectos sobre los sueños y el sueño. De todos los que probé, tres me marcaron mucho: el aceite esencial de albahaca (oscimum basilicum) porque provoca sueños cómicos; el aceite esencial de lavanda porque relaja profundamente y hace posible tener más sueños espirituales, y el aceite esencial de salvia que ayuda a alcanzar la clarividencia y también un tipo de sueños lúcidos.

El aceite esencial de salvia tiene un efecto ligeramente hipnótico. Simplemente pon unas gotas en un algodón, colócalo en una taza llena de agua caliente y déjalo sobre la mesita de noche. Sin embargo, este aceite esencial a veces puede tener el efecto de causar insomnio en algunas personas. Es mejor probarlo cuando al día siguiente, no tienes que levantarte temprano para ir a trabajar. Del mismo modo, es mejor estar tranquilo cuando lo pruebas, de lo contrario, también puede causar insomnio.

Por supuesto, puedes utilizar el aceite esencial de salvia y el cuarzo al mismo tiempo. Pero no olvides, estas son muletas. Es interesante probarlos, pero es aún más interesante caminar sin muletas. En cuanto a las drogas, nunca las he probado y no las recomiendo porque no necesitamos usar drogas para acceder a ciertos mundos. Basta con entrar en una vibración energética con estos mundos y naturalmente los alcanzamos en el sueño sin dañar nuestro cuerpo. Para aumentar nuestra tasa vibratoria, es necesario tener una buena dieta, agua pura, una buena higiene de vida y un estado mental positivo. Con todo eso será mucho más fácil soñar y permanecer feliz. Podremos alcanzar ciertas vibraciones energéticas sin quemar nuestros canales de energía, sin dañar nuestro cuerpo y nuestro cerebro y sin aislarnos de los demás.

3) Lo que bloquea la eficiencia de estas dos técnicas

A) Un estilo de vida poco saludable

La importancia de una vida sana:

¿Has oído hablar de los templos de Esculapio? Estos templos de la antigüedad griega y romana eran lugares adonde los peregrinos acudían a recibir en sueños una ayuda del dios Esculapio. Este dios era el dios de la medicina y aparecía en los sueños de los peregrinos para dar consejos de curación. A veces incluso eran curados por el dios Esculapio a través del sueño. Dicho de este modo, parece muy simple, pero no era suficiente con solo irse a dormir en un templo. Los sacerdotes y sacerdotisas de los antiguos templos obligaban a los peregrinos a realizar prácticas terapéuticas de incubación de sueños. Para esto, los peregrinos tenían que purificarse ayunando y realizando abluciones. Solo cuando eran juzgados listos y purificados se les permitía irse a dormir al templo. Todo era organizado para impresionar las mentes de los peregrinos usando un entorno particular, la estatua del dios, una luz tenue, incienso y fumigaciones de purificación y probablemente hipnóticas. Todo esto favorecía que el lugar condujera a sueños terapéuticos. Acostados sobre pieles de animales, los peregrinos se dormían en el templo. Con frecuencia, el dios Esculapio se les aparecía en un sueño y los sanaba o les daba la cura para sanar. Los sacerdotes y sacerdotisas de los templos de Esculapio también ayudaban a los peregrinos a comprender sus sueños cuando era necesario. Pero su función principal era principalmente asegurar que los peregrinos estuvieran en las condiciones requeridas para poder ingresar al templo. Es una pena que este tipo de lugar ya no exista en nuestro tiempo. Esto sería de gran utilidad para los enfermos. Si algún día, tal vez decides crear uno y quieres probar la aventura conmigo, contáctame. Mientras tanto, siempre es posible que aprovechemos este antiguo conocimiento para tener sueños terapéuticos con total autonomía. Si los antiguos sacerdotes y sacerdotisas exigían que los peregrinos se purificaran antes de entrar en los templos, no era sin razón. Veremos por qué se usaban el ayuno y el agua.

¿Por qué era necesario ayunar antes de ir a dormir en el tiempo de Esculapio?

En América del Sur y especialmente en México siempre ha existido una tradición de los sueños. Los antiguos Mayas afirmaban que la energía del sueño está en el vientre. En Occidente, recientemente volvimos a descubrir la importancia de esta área del cuerpo y nos dimos cuenta de que había un segundo cerebro allí. Los Mayas sabían esto por mucho tiempo y es por eso que a menudo encontramos en Sudamérica estatuas de personas que yacen de espaldas con la cabeza levantada, las piernas dobladas y las manos sobre el estómago. Estas son estatuas que se relacionan con el arte de soñar de los antiguos Toltecas y Mayas y que se llaman chac mool. No se necesita mucho tiempo para comprender que, si esta área del cuerpo está congestionada, será mucho más difícil soñar con eficacia. Peor aún, la congestión de esta zona, ya sea emocional o mecánica (estreñimiento, obstrucción del colon, problemas del hígado) es la causa principal de la mayoría de las pesadillas y también del insomnio. Puedo decirte esto por experiencia, después de ayudar a miles de personas a recuperar un sueño tranquilo y una actividad de sueño normal.

Cuando el sistema digestivo está congestionado y sobrecargado, como suele ser el caso en la mayoría de las personas, el segundo cerebro (el estómago) está bloqueado y el primer cerebro (la cabeza) está mucho menos activo. El ayuno alivia y descongestiona el hígado y todo el sistema digestivo al descansarlos. También ayuda a vaciar naturalmente los intestinos que a menudo son la causa de las pesadillas cuando están hinchados, por el gas y las heces se compactan y se estancan. Si tienes problemas en esta área del cuerpo, te recomiendo leer el libro Laure Goldbright: *Testimonio sobre los beneficios de la higiene intestinal*, ediciones Buenos Books América. Y te aconsejo también verificar si tienes parásitos intestinales. Porque en muchos casos son ellos los que causan problemas de insomnio y de indigestión en los seres humanos.

A veces es suficiente tomar un laxante o infusiones de hierbas para el hígado para poder ver más actividad en los sueños y tener una mayor agudeza intelectual al día siguiente. También he observado en mí y en muchas otras personas que hacer una sesión de acupuntura para la digestión también provoca un aumento en la actividad de los sueños y una mayor alerta intelectual durante el día. Las civilizaciones antiguas tenían mucho conocimiento sobre la mente humana, sobre las relaciones entre el cuerpo, la mente y los sueños de los seres humanos. Es fascinante redescubrirlos y experimentarlos. Fue gracias a un sueño que me dio la solución de un enigma del antiguo derecho romano que comprendí que había en las civilizaciones antiguas muchas cosas por descubrir sobre el funcionamiento del cerebro humano y la gestión de las energías mentales y corporales. Pero esta es otra historia. Los que están interesados pueden ir a leer mi libro sobre el derecho romano. Ahora, tengo que explicar por qué se practicaba la purificación de agua en los templos de Esculapio.

¿Por qué se practicaba la purificación por agua en los templos de Esculapio?

Hoy, tendemos a identificarnos con nuestro cuerpo físico y su química. La ciencia nos considera máquinas, y a menudo terminamos creyéndolo también. Sin embargo, tan pronto como uno comienza a desarrollar sus facultades oníricas, uno naturalmente descubre un mundo completamente nuevo. Primero, cada noche sale algo de nuestro cuerpo y se va a caminar. Es nuestro cuerpo astral, o cuerpo de sueño, que es como la copia de nuestro cuerpo físico pero que puede también aparecer como una esfera de energía. Los antiguos egipcios lo representaban con un pájaro con una cabeza humana que volaba encima de las momias. Nuestro cuerpo astral sale del cuerpo físico y normalmente no lleva vestidos. Pero a menudo, entra en el sueño con la ropa que usamos para dormir.

El cuerpo astral no necesita vestidos. Normalmente, en el sueño no importa estar desnudo, en ropa interior o pijamas. Al alma no le importa. Pero, a veces, la mente racional puede quedar activa durante los viajes astrales de nuestro doble. Y es ella la que crea sueños donde nos avergüenza de encontrarnos desnudos, y en pánico empezamos a buscar una solución rápida a este problema de apariencia. Algunas personas incluso se despiertan de un sueño debido a la vergüenza que sienten. Termino aquí este paréntesis a propósito del cuerpo astral. (Puedes ver mis videos sobre el doble y sobre el significado de la desnudez en los sueños).

Al observar los vínculos entre los sueños y la realidad, también descubrimos toda la dimensión energética e informacional del cuerpo humano. De hecho, nuestros cuerpos físicos están rodeados y atravesados por redes de energía que también son redes informacionales. Tenemos entorno a nuestro cuerpo una especie de burbuja informacional que las antiguas tradiciones espirituales llamaron aura. En la religión católica, esta aura a menudo se representa con un halo de luz alrededor de la cabeza de los santos o que emana de su corazón. En el sueño, la percibimos como una luz blanca que brilla alrededor de nuestro cuerpo. También puede estar simbolizada en el color de la ropa que llevan los personajes de los sueños. Los chinos tienen desde la antigüedad el conocimiento de la importancia de los circuitos de energía en el cuerpo. Ellos los llamaron meridianos. De esto nació la acupuntura que consiste en desbloquear los nodos de energía (que son el origen de muchas patologías) y restaurar la circulación normal de la energía en el cuerpo (que a menudo puede restaurar la salud sin medicamentos).

La burbuja de energía en la que se encuentra nuestro cuerpo está cargada de información.

Encontramos información personal (nuestros pensamientos, nuestras emociones, nuestros traumas, nuestra historia personal) y también información que hemos recuperado temporalmente al contacto con las burbujas de energía de otras personas, animales, plantas que nos rodean y lugares en los que vivimos. Los antiguos sabían esto y sabían que esta información que se recuperaba a través de la burbuja de información podría causar sueños que no se relacionaban con el soñador, sino con los demás.

Sabían que el agua tiene el poder de limpiar la esfera de la información externa y así permitir a las personas ingresar al templo de Esculapio con la mayor cantidad de información personal posible. Esto les permitía "ver más claramente" en el sueño y obtener información curativa más adecuada. También a través de la observación prolongada de los sueños, se puede verificar que cuando dos personas duermen juntas, sus sueños se mezclan. A menudo soñamos los sueños de nuestra pareja. Esto es de gran utilidad cuando solo uno de los dos está acostumbrado a recordar sus sueños, porque puede ayudar a su compañero/a al capturar información en su campo de energía.

El agua tiene el poder de limpiarnos de nuestras impurezas físicas, pero también para purificar nuestra aura. Mencioné antes el aura sin entrar en detalles. Pero, para aquellos que no están familiarizados con las auras, abro aquí un pequeño paréntesis para dar algunas explicaciones adicionales porque es un aspecto importante para que te desarrolles eficazmente en el arte de soñar.

No somos solo seres físicos y corpóreos. También somos seres con una dimensión energética dentro de nuestro cuerpo y también afuera. Un campo de energía cargado de información envuelve nuestro cuerpo físico. Nuestro cerebro, nuestro cuerpo y nuestros órganos también emiten ondas eléctricas particulares.

La medicina oficial occidental mide las ondas cerebrales y la electricidad del corazón con los electroencefalógrafos y los electrocardiógrafos. La medicina china, en cambio, se basa en la percepción de las pulsaciones energéticas en el cuerpo humano. En el sueño, a veces se pueden ver las auras, el interior del cuerpo y también los meridianos de la energía. Algunos videntes pueden ver las auras y / o el interior del cuerpo y hacer diagnósticos para ayudar a las personas enfermas. (Esta fue una de las especialidades de Edgar Cayce que mencioné anteriormente). Hay mucha investigación sobre las emanaciones electromagnéticas de los diversos órganos del cuerpo. Por lo tanto, se espera poder detectar problemas de salud mucho antes de que se manifiesten. De hecho, las enfermedades se crean primero en el nivel de la energía del cuerpo antes de manifestarse físicamente. Si hubiera un medicamento o un aparato para controlar eficazmente todas las perturbaciones electromagnéticas del cuerpo y corregirlas aguas arriba, muchas patologías graves podrían evitarse. De hecho, es más fácil obtener una cura si actúas antes de que el problema energético se materialice en un problema físico. Cuando alcanzamos la etapa de materialización, la medicina energética no puede hacer mucho por los enfermos. Aquí es donde la medicina alopática acude al rescate para aliviar el sufrimiento de los enfermos.

Si el tema de las auras te interesa, te aconsejo que leas el libro de Stanley Krippner y Daniel Rubin, titulado *The Kirlian Effect*, (Sand Editions). Me costó encontrar este libro en París cuando estaba investigando en esta área. Pude localizar, después de un buen esfuerzo, una copia en la gran reserva de una biblioteca parisina. Después de tres o cuatro semanas de espera, fui a buscar este valioso libro de la biblioteca. Pero al día siguiente, mientras caminaba, sentí una necesidad irresistible de ingresar a una librería de segunda mano y allí encontré una copia de este libro que era todo nuevo y a un precio ridículo. Por supuesto, aunque ya lo había leído, estaba ansiosa por comprar este precioso trabajo cuyas ilustraciones son extremadamente interesantes. Este tipo de "coincidencia" ocurre mucho más a menudo en la vida de las personas que se han reconectado con sus fuerzas subconscientes. Es lo que el psicólogo Jung llamaba sincronicidades.

Kirlian fue un investigador ruso, uno de los primeros en haber podido fotografiar la luz que emana de todos los seres vivos y experimentar en este campo. En este libro sobre Kirlian, hay fotografías de los halos energéticos de manos humanas, de plantas, etc. Kirlian observó que, por ejemplo, las manos de los enfermos tenían un campo de energía mucho más bajo que las de las personas con buena salud. En lo que respecta a las plantas, había hecho muchos experimentos extremadamente interesantes que coinciden con lo que se puede ver en el sueño sobre el hecho de que la materia existe antes como energía. En otras palabras, en nuestro mundo, la energía siempre precede a la materialización de lo que vive. Todo lo que existe en nuestro plano material se formó antes en el plan de energía que permanece invisible para el ojo de la mayoría de los seres humanos.

En mis libros anteriores utilicé el término "burbuja de información" para hablar sobre el aura. Porque de hecho el aura contiene nuestra información y también la información de los lugares en los que vivimos, la de los alimentos que comemos, y la de las personas con quienes estamos en contacto. En los antiguos templos de Esculapio, se sabía que el agua permitía a los peregrinos limpiar su aura de gran parte de la información residual que no les pertenecía. Esto, para que puedan ver más claramente sobre su propia situación. Es como si estuviéramos volando sobre las nubes para acceder a la luz y ver más claramente.

Termino sobre el tema del agua abriendo un paréntesis sobre hidroterapia. Además de los beneficios de los minerales contenidos en las aguas termales y su energía electromagnética, tomar baños termales también ayuda a eliminar los residuos informacionales indeseados para nuestra salud. De ahí el efecto de renovación, es como hacer "borrón y cuenta nueva" después de un tratamiento termal de algunas semanas. El efecto de los baños termales no es solo físico. El agua también ayuda a aclarar nuestra aura y a ver con más claridad en nuestras vidas y en los sueños. Nos ayuda a cambiar nuestros pensamientos. Pero, si nos sumergimos de nuevo en "el barro de nuestros malos hábitos de pensamientos", rápidamente perderemos el beneficio de esta limpieza. Así que trata de llevar buenos hábitos para tener un estilo de vida saludable y el viento en popa al comunicarte mejor con tu subconsciente.

B) Evita los estimulantes

Ambas técnicas explicadas para ver tu futuro en tus sueños serán incluso más eficaces si te pones en la condición física adecuada para que tu cerebro funcione bien y pueda recibir y conservar la información que tu subconsciente te comunica a través de los sueños.

Debes ser consciente de que cuanto más calmado estés, más claros y precisos serán tus sueños. Como los estimulantes en todas sus formas perturban esta calma e inducen su opuesto, el estrés, es mejor evitarlos. Soñarás mucho más eficazmente si eliminas o reduces enormemente todos los estimulantes: té, mate, café, tabaco, alcohol, sal, pimienta, carne. Será una gran ventaja beber en la tarde infusiones de hierbas relajantes. Tienes muchas opciones. Elija hierbas de buena calidad de la cosecha en ambientes preservados o agricultura orgánica. Los tés "embolsados industriales" a menudo no son muy sabrosos, por lo que muchas personas dicen que no les gustan los tés de hierbas.

Pero te bastaría probar tés de hierbas de buena calidad para cambiar de opinión cuando ves su exquisito sabor, agradable aroma y su eficiencia. En Francia, mi marca favorita es Altaïr. Me encanta el té de lavanda que suelo tomar antes de acostarme. Por supuesto, deberías tomar pequeñas cantidades de té de hierbas antes de acostarte, de lo contrario es posible que debas levantarte por la noche para ir al baño. Para relajarme también utilizo el aceite esencial de lavanda para masajes en el estómago, porque es a nivel del plexo solar que con mayor frecuencia almaceno mi estrés. Sin embargo, como expliqué anteriormente, es esencial que esta área del cuerpo esté en buenas condiciones y relajada para soñar.

Practicar deportes también ayuda a mejorar la calidad de tus sueños, así como cualquier cosa que promueva la microcirculación y la oxigenación del cerebro. Pasear al aire libre, ir al mar, a un parque o a un bosque te pondrá en mejores condiciones para soñar.

C) Come poco por la tarde:

Si deseas utilizar las dos técnicas que compartí contigo aún más eficazmente, evita las comidas que son demasiado pesadas para digerir, tomadas poco antes de ir a dormir. Si tu cuerpo está ocupado en digiriendo, no habrá suficiente energía disponible para tu cerebro, y en este caso será difícil recordar tus sueños.

D) Tu habitación:

Mantén tu habitación limpia y bien ventilada. Evita dormir cerca de ventanas y espejos, pantallas de computadora u otras superficies reflejantes. Si las tienes en tu habitación, quítalas. Si esto no es posible, ponle un paño por la noche. Esto puede ser un simple velo.

Evita tener tus aparatos eléctricos cerca de tu cabeza: celular, lámpara de noche, reloj despertador. Si tienes que mantenerlos, colócalos lo más lejos posible de tu cabeza. Lo mejor es, por supuesto, desconectar todos los enchufes y todos los dispositivos cerca de tu cama. Dormirás mucho más pacíficamente, tendrás una mejor recuperación y recordarás mucho más fácilmente tus sueños. Todavía hay muchas cosas más que explicar acerca del dormitorio, pero esto está más allá del alcance de este libro, es el tema de otro libro: *Estrategias para dormir mejor y volver a tener un descanso ideal*.

4) Circunstancias en las que se desaconseja encarecidamente el uso de estas técnicas

A)   En viajes

Ya expliqué que estamos rodeados de una burbuja que constantemente intercambia información con su entorno. Por lo tanto, cuando viajamos y dormimos en un hotel, en una cama donde otras personas han dormido antes que nosotros, no se recomienda utilizar ambas técnicas para ver tu futuro en tus sueños. Las razones principales son primero que tienes noventa por ciento de posibilidades de soñar con información que pertenece a personas que han dormido allí justo antes de ti, en segundo lugar porque no estás en tu casa que te protege naturalmente porque está llena de tus vibraciones.

En otras palabras, las habitaciones del hotel en las que duermes, y especialmente las camas, están cargadas con la información y la energía de los ocupantes anteriores. En estas circunstancias, es muy difícil soñar de nuestros asuntos personales, porque el cuerpo captura naturalmente toda la información de los lugares y los envía al cerebro durante la noche en forma de sueños. Es parte de nuestro instinto de conservación. Cuando llegues a un hotel, ventila bien la habitación y, si es posible, espera unos días para que tu propia atmósfera llene el lugar antes de utilizar estas técnicas. En general, los sueños realizados la primera noche en un lugar nuevo no son confiables para conocer tu futuro.

B) Las circunstancias emocionales y psicológicas en las cuales no es aconsejable usar estas técnicas

Si estás en un estado de estrés o fatiga, no uses estas técnicas. Espera a recuperarte o pídele a un ser querido que te ayude a soñar por ti. Solo tienes que darle algo que uses con frecuencia, por ejemplo, un collar, una bufanda que la persona ponga debajo de la almohada o en la mesita de luz cerca de su cabeza. Si tu estás en malas condiciones, ella hará una u otra técnica por ti, y obtendrá información para ayudarte.

Lo mismo es cierto si te encuentras en estados emocionales negativos. No uses estas dos técnicas cuando estés muy enojado, celoso, envidioso, deprimido, conmocionado, perturbado, etc. Espera encontrar tu calma y tus buenas disposiciones. Sin embargo, si necesitas información urgente, pide ayuda a alguien, como acabo de explicar más arriba.

No uses estas técnicas si tienes problemas psicológicos graves, si estás muy deprimido y con antidepresivos. Pide ayuda a alguien.

No uses estas técnicas si tienes una "idea fija" de lo que quieres lograr en tu futuro. Al usar estas técnicas, debes ser neutral acerca del resultado. De lo contrario, la mente actuará como un filtro incluso en el sueño para permitir solo cierta información. Incluso puedes llegar a crear sueños "falsos" para satisfacer tus deseos. Los sueños de satisfacción de los deseos existen, y son creados por la mente o por entidades parasitarias y no por el subconsciente. Estos no son sueños que provienen de lo profundo de nosotros mismos y que pueden ayudarnos en nuestra existencia.

Si has leído este libro detenidamente, ahora tienes la oportunidad (utilizando las dos técnicas muy simples explicadas y evitando lo que las hace ineficaces) de ver tu futuro en tus sueños. Finalmente, te daré dos ejemplos concretos de lo que se puede hacer con estas técnicas o simplemente soñando naturalmente para mejorar nuestras vidas.

¿Tu avión llegará a su destino?

Ahora vivimos en un mundo tan peligroso que muchas personas tienen cada vez más miedo de viajar en avión debido a accidentes, y especialmente a causa del terrorismo. Bueno, no más tengas miedo. En lugar de eso, usa una de dos técnicas para cuestionar tu subconsciente antes de salir de viaje. Te informará muy rápidamente.

En general, antes de emprender un viaje en avión, debemos prestar atención a nuestros sueños. Como expliqué anteriormente, lo que vivimos en realidad se preparó primero en los sueños. Al prestar atención a tus sueños, verás si su vida continúa normalmente debido a que tus sueños se proyectaran en el futuro y verás paisajes de los lugares donde debes ir, imágenes de personajes conocidos o personas nuevas que conocerás. Soñarás con conversaciones y, a veces, de lo que comerás, o detalles arquitectónicos notables. Si tus sueños normalmente se proyectan en tu futuro, puedes ir tranquilo. Si, por otro lado, comienzas a soñar con luces en el fondo de un túnel y seres queridos, muertos hace mucho tiempo que vienen a darte la bienvenida en un paisaje verde y luminoso, podría ocurrir un problema ... Pero es mejor ver adelante en los sueños porque a veces gracias a esta toma de conciencia es posible evitar problemas y aun salvarse la vida. Hablemos de un ejemplo más feliz: los nacimientos.

¿Nacerá un niño en tu familia?

Muchos sueños anuncian la llegada de un nuevo hijo a una familia mucho antes de que la futura madre esté embarazada. Este fenómeno era bien conocido en las civilizaciones antiguas. Al hacer una investigación en Internet, puedes encontrar en los foros algunos testimonios de mujeres que dicen haber soñado con sus hijos antes de estar embarazadas. La autora de fama mundial Isabel Allende ha dicho que siempre ha soñado con sus hijos antes de estar embarazada y conocía su sexo antes de que nacieran. Luego, más adelante en su vida, pudo usar estas habilidades oníricas para ver en los sueños llegar sus futuros nietos.

Al igual que la mayoría de las personas que publican testimonios en los foros, puedes esperar pasivamente a que tu subconsciente te envíe información. Pero también puedes usar una de las técnicas que te he explicado para estar informado cuando lo desees. Tu subconsciente nunca dejará de responderte.

Conclusión

A través de tus sueños, estás constantemente creando tu futuro. Los sueños te proyectan naturalmente hacia tu futuro, ya sea que los recuerdes o no. Sin embargo, también debemos saber que el estrés induce sueños catastróficos que, afortunadamente, no son sueños que nos proyectan hacia el futuro. Los sueños de estrés son principalmente acerca de lo que más quieres.

Por ejemplo, un día una joven me consultó porque estaba muy preocupada de ver en sus sueños a sus dos hijos pequeños morir accidentalmente. Después de algunas preguntas, me di cuenta de que estaba muy estresada debido a sus nuevas responsabilidades laborales y que estos sueños simplemente eran inducidos por el estrés. Del mismo modo, los comerciantes cuando están estresados sueñan que su tienda es robada.

Si te ocurre tener sueños negativos mientras no estás estresado, no temas: a veces sirven solo para advertirte. A menudo podrás hacer arreglos para que lo que has visto en un sueño no suceda, y en el peor de los casos: puedes prepararte para pasar la prueba con el menor daño posible y saber que después de algunos obstáculos habrá un resultado favorable.

Por ejemplo, una noche soñé que estaba pateando con maldad a alguien que no me hizo nada. Fue mi pie derecho el que usé, e incluso en el sueño, no entendía por qué actuaba de esta manera, porque no está en mis hábitos. La noche siguiente, soñé que iría al hospital. En el sueño, una voz me decía que pasaría muy poco tiempo en el hospital y que era necesario para que aprendiera a tener más compasión por las personas que sufren físicamente. Por la mañana, no estaba contenta de haber tenido este sueño. Pero pensé que afortunadamente si este sueño se realizaba solo pasaría brevemente al hospital. Unos días más tarde, me lesioné el pie derecho (con el que pateé en el otro sueño). Estaba viajando al extranjero. No podía caminar más. El servicio de ayuda de mi seguro me envió una ambulancia que me llevó al hospital, donde en realidad solo pasé poco tiempo. No era nada grave, aunque la curación final de mi pie tomó mucho tiempo. Pero es cierto que desde entonces me he dado cuenta de la increíble cantidad de personas que tienen dificultades para caminar.

Hay ciertas dificultades que nos suceden en la vida que no podemos evitar porque nos sirven para cambiar nuestras actitudes y aprender cosas nuevas. Por otro lado, hay muchas dificultades que podemos evitar cuando las vemos llegar en el sueño. Así podemos tomar los pasos necesarios para que no se hagan realidad. Esto es especialmente cierto en el campo de la salud. Dado que las enfermedades existen primero en el estado energético, es posible, gracias a una mejor higiene de la vida o al conocimiento de nuestras emociones negativas, evitar la mayoría de las enfermedades que se anuncian mucho tiempo adelante en los sueños.

En caso de sueños negativos repetidos, si no conoce el lenguaje simbólico de sus sueños, te aconsejo que solicites ayuda para interpretar tus sueños. De hecho, en muchos casos, los sueños asustan a nuestra mente porque no comprende su simbolismo. Sin embargo, esos sueños que parecen negativos y atemorizan nuestras mentes, en realidad pueden ser bastante positivos. Por ejemplo, soñar con la muerte rara vez se refiere a la muerte real, pero es sobre todo un sueño positivo que anuncia un gran cambio en tu vida. (Ver mi video sobre el significado de la muerte en los sueños, www.amancini.com).

En una época de mi vida tuve una serie de sueños en los que estaba enterrada. Mi mente le tenía miedo porque lo interpretaba como una tumba. Sin embargo, estos sueños tenían una gran energía de alegría. Lo cual finalmente me hizo comprender que eran muy positivos porque yo estaba en la tierra como una semilla para desarrollarme, para crecer en mi psique. Lo que más tarde se hizo realidad.

Para aquellos que quieren ir más allá

Puedes lograr ver tu futuro en tus sueños con las dos técnicas mencionadas en este libro. Por supuesto, como estas son dos técnicas básicas, tienen sus limitaciones debido a que, sin un trabajo previo, es difícil saber el significado de tus sueños.

El subconsciente responde aún más eficazmente a nuestros pedidos, si le hacemos preguntas en su propio idioma. Para conocer este idioma, es necesario hacer un trabajo preliminar. Los diccionarios de sueños no son útiles porque cada persona tiene su propio lenguaje de sueños que debe descubrirse.

En mi libro *El Significado de los Sueños*, encontrarás toda la información que necesitas para completar este trabajo. Para aquellos que prefieren aprender en vivo, regularmente organizo coaching. También es posible entrenar de forma remota a través de Skype. Encontrarás toda la información sobre estos entrenamientos en mi sitio personal: http://www.amancini.com

Estuve muy feliz de poder compartir con ustedes el fruto de mi investigación sobre la clarividencia en los sueños.

Deseo que aproveches al máximo tu vida.

Nos vemos pronto para otros libros que te harán descubrir todas las cosas interesantes que se pueden hacer a través de los sueños.

Atentamente, Anna Mancini

Otros libros sobre los sueños escritos por Anna Mancini

El Significado De Los Sueños

Tus Sueños Pueden Salvar Tu Vida

La Clarividencia Onírica, Aprenda A Ver Su Futuro En Sus Sueños

Estrategias Para Recordar Los Sueños

Estrategias Para Dormir Mejor Y Volver A Tener Un Descanso Ideal

¿Cómo Nacen Los Inventos? Un Método Efectivo Para Obtener Ideas Innovadoras Gracias A Tus Sueños

Sueños Y Salud, Descubre Los Sueños Más Comunes Que Te Informan Sobre El Estado De Tu Cuerpo Y Aprovéchalos Para Permanecer Saludable

Las Leyes De La Energía Humana A Través De Los Sueños, Cómo Gestionar Mejor Tu Energía, Aumentarla Y Evitar Estados Depresivos Usando Tus Sueños

Cómo Conocer Los Secretos, Enigmas Y Misterios Del Antiguo Egipto Y De Todas Las Antiguas Civilizaciones

Videos disponibles en español en Youtube:

Francés con subtitulos españoles:
https://www.youtube.com/@lasignificationdesreves

Español:
https://www.youtube.com/@elsignificadodetussuenos

Sitio Web: www.amancini.com

Español: http://espanol.amancini.com

SOBRE ANNA MANCINI

Puedes encontrar mi biografía en mi sitio web:

Francés y otras lenguas: www.amancini.com

Español: http://espanol.amancini.com

Canales de Youtube:

Francés con subtitulos españoles:
https://www.youtube.com/@lasignificationdesrev
es

Español:
https://www.youtube.com/@elsignificadodetussu
enos

Los libros de Anna Mancini para ayudarte a desarrollar tus habilidades de ensueño, soñar mejor, y dormir mejor

Se necesita una cantidad variable de tiempo para entrenar de manera efectiva en mis técnicas de sueño. Este tiempo varía según el nivel inicial del estudiante. Cualquiera puede aprender este arte de soñar, incluso las personas que creen que no están soñando y hasta las que tienen problemas para dormir. Simplemente comienzas en el nivel que es tuyo.

Cualquiera que piense que no sueña o que solo recuerda sus sueños cuando son pesadillas puede beneficiarse enormemente de la lectura del libro que escribí para ellos: *Estrategias para recordar los sueños*

Todos aquellos que tengan problemas de insomnio y que ya hayan probado de todo, se beneficiarán de la lectura del libro que escribí para ellos: *Estrategias para dormir mejor y volver a tener un descanso ideal,* que abre otros horizontes de comprensión y alivio de los problemas de insomnio. También les aconsejo que lean el libro de Laure Goldbright, *Testimonio sobre los beneficios de la higiene intestinal.* Porque el estado del aparato digestivo influye mucho en la calidad de nuestro sueño y es el causante de muchos trastornos del sueño.

Aquellos que ya sueñan bien y suelen recordar bien sus sueños pero no entienden su significado, leerán provechosamente primero: *El Significado de los Sueños*.

Otros libros más especializados en técnicas oníricas están especialmente dirigidos a:

- a inventores, investigadores y científicos: *¿Cómo Nacen Los Inventos? Un Método Efectivo Para Obtener Ideas Innovadoras Gracias A Tus Sueños*

- a los arqueólogos e historiadores: *Cómo Conocer Los Secretos, Enigmas Y Misterios Del Antiguo Egipto Y De Todas Las Antiguas Civilizaciones*

- a las personas que deseen desarrollar sus llamados talentos paranormales para conocer su futuro: *La Clarividencia Onírica, Aprenda a Ver su Futuro en sus Sueños*

Además, ante la aceleración en el número de desastres naturales y el auge del terrorismo, me comprometo a difundir la idea de que es posible, gracias a los sueños, ser advertido de estos peligros y escapar de ellos por completo, salvando también la vida de nuestros seres queridos. Escribí en este sentido: *Tus sueños pueden salvar tu vida*. Aconsejo a todos los que viven en zonas peligrosas crear, en su ciudad, su pueblo, su barrio, su comunidad o su empresa un grupo de vigilancia de los sueños. Encontrará todas las explicaciones en el libro para que este grupo funcione de manera efectiva.

Indice

www.ingramcontent.com/pod-product-compliance
Lightning Source LLC
LaVergne TN
LVHW021410080426
835508LV00020B/2538